JN438317

행복의 오솔길 따라

행복의 오솔길 따라

| 김 지 원 6시집 |

도서출판 천우

● 시인의 말

신록이 무르익어가는 풍요로운 계절을 맞이하여 여섯 번째 시집 『행복의 오솔길 따라』를 상재하게 되었습니다. 오랜 침묵 끝에 선보이는 시집이라 더없이 기쁘고 홀가분한 심정입니다. 어느 날부터 시가 삶의 도반이 되고 글을 쓸 때마다 영혼의 깨달음 속 조각들이 별빛처럼 반짝반짝 산 숲을 밝혀주고 있었습니다.

'시인 스님' 이라는 호칭이 빛바래지 않도록 틈틈이 써두었던 작품들을 모아 보니 봄, 여름, 가을, 겨울 꽃 피고 새 노래하고 낙엽 지고 하얀 눈 내리는 시절들이 파노라마처럼 고스란히 묻어났습니다. 수려한 전통고찰 견성암에 머물면서 대자연을 예찬하고 흘러가는 세월의 물굽이를 돌아보니 어느덧 천지간에 꽃등 밝히는 시절 좋은 때가 되었습니다.

눈보라 속에서도 꽃은 피어나고, 지진 난 땅에서도 맑은 샘물은 솟아나며, 불에 탄 흙에서도 새싹은 움튼다는 희망과 꿈을 전하고자 합니다.

격려와 사랑을 듬뿍 부어주신 독자님들께 감사의 인사 올리며 따뜻한 가슴으로 진솔하고 감동을 안겨주는 향기로운 시인으로 거듭날 것을 약속 드리며 행복한 오솔길로 초대합니다.

2017년 봄에

천마산 솔숲에서 김지원 합장

제1부

산새들의 하루

● 시인의 말

제2부

솔향기 깃드는 산사

제3부

일출암의 하루

제4부

산새들의 화합

제5부

봄이 오는 소리

제1부

산새들의 하루

향기로운 사람

인격이
향기로 가득한 이는

항상
타인에게 봉사하며
배려하는 삶을
살아간다

향기를 머금고
삶을 살아가는 이는
바라보고만 있어도
마음에 평화가 찾아온다

겸손과 정직을
미덕으로 살아가는 이는
인격의 향기가
물안개처럼 아름답게
피어오른다

산새들의 하루

산새들은
아무 걱정 없이
즐겁게 노래 부르고 있다

불도화 나뭇가지에 앉아
봄을 만끽하며
행복하게 대화하며
하루를 보내고 있다

산새들은
자유로운 영혼들이다
걸림 없이 가고 싶은 곳
다 날아갔다가

다시 날아와
마당 앞 모이를
서로서로 양보하며
즐겁게 쪼아 먹다가

저녁노을이
붉게 물들일 때면
조용히 나뭇가지에서
잠을 자는 산새들의 하루

목련

목련 꽃이
새~하~얀 입술로
봄이 오는 소리에
귀 기울일 때

목련 잎은
아직도
겨울잠에서
깨어나지 못하네

파~란 잎은
꿈속에서도
목련 꽃을 생각하고 있을까

새~하~얀
꽃봉오리에
그리움과 슬픔을 감추고
행인들에게
봄소식을 전해주네

시인의 불행

시인이
글쓰는 것을
잊어버린 것은
세상에서 가장
불행한 일이다

오랫동안 필을 놓고
호미와 같이
살아온 세월……

이런저런 이유로
글 쓰는 것을 망각한 채
오늘도 하염없이
느티나무만 바라보니
가슴이 저려 온다

초승달의 미소

초하루가
5일 남은 새벽에
초승달이 느티나무 가지에
걸려 있네

초승달은
욕심 없이 둥근달이었을 때를
그리워하지 않는다

비록
세상을 훤하게
비춰주지 못해도

지금 이 순간
꿈과 희망을 가지고
행복하게 살라고
미소를 짓고 있다

그대 발길 머무는 곳에 1

그대 발길
머무는 곳에
희망과 행복의
강물이 흐르고

그대 발길 닿는 곳에
산새들의 노랫소리가
들리어 오네

그대 발길
머무는 곳에
정의의 꽃송이가
활짝 피어나
행복의 노래 부르네

창포

파~란
창포 잎을 바라보고 있으면
가슴이 저려온다

어느 지인에게 얻어다
우리 집 야생화 밭에
같이 살고 있다

평생
물을 그리워하며
살아가는 창포야
물 그리워하지 말거라

내가
많이많이
예뻐해 줄게……

오늘

오늘은 오늘은
인생을 살아가는 데
가장 중요한 날이다

오늘이 있기에
과거도 있었고
미래도 있을 것이다

오늘을
진실하게 정직하게
정의로운 마음으로
살아가는 이는
최상의 행복을 얻으리라

님 9

그대의
목소리가
천마산에
메아리 되어
가슴속에
울려 옵니다

오색 단풍잎이
곱게 물들 때
가을 단풍잎 따라
떠나가셨지요

소리 없이 내리는
가을비 속에서
자상하셨던 님의 목소리가
들리어 옵니다

오늘도
느티나무 바라보며
가슴속에 그리움이
강물처럼 흘러갑니다

달님의 그리움

밤이 이슥하도록
온~ 산하 대지를 비추이고

홀~로
고뇌를 짊어지고
세상을 바라본다

키 작은 야생화에도
아름드리 느티나무와
은행나무에게도
평등하게 비추이는 달빛

홀~로 인생을 생각하며
새~하~얀 달빛을
고~루 비추이는
달님의 그리움

즐거운 3月

봄이 오려나
3月의 아침이 열렸다
산새들은 짹 짹 짹
즐겁게 노래 부르고

살랑살랑
봄바람에
처마 끝 풍경도
댕그랭 댕그랭
즐겁게 노래 부른다

먼~산~의
아지랑이 아롱거리고
야생화 밭에서
노~란 복수초가
방긋이 웃고 있는
즐거운 3月의 풍경

행복의 오솔길 따라 1

행복은
마음먹기에 찾아온다

물 한 컵 중에
반 컵을 먹고
작게 남았다고
불만에 차 있는 이는
마음에 불행이 찾아온다

물이
반 컵이나 남아 있구나
만족해 하는 이는
행복의 오솔길에
접어들었다 할 수 있으리

행복의 오솔길에는
욕심을 끊고
정직하게 살아가는
사람들이 있다

행복의 오솔길 따라 2

행복은
누가
가져다주지 않는다

한 송이
꽃봉오리 바라보며
환~하게
미소 짓는 마음……

산비둘기가
모이 쪼아 먹는 것 바라보며
흐뭇해 미소 짓는 것도
행복이리라

행복의 오솔길 따라 3

행복이란
단어만 생각해도
가슴이 설레인다

마음에
평화가 찾아오면
모든 사물과
나무와 꽃이 다
아름답게 보인다

행복은
마음속에서
안개처럼
피어 오르네

행복의 오솔길 따라 4

행복이란
자신을 돌아보고
마음을 닦는 것이다

서 있고 앉아 있는
이 자리가
깨끗한 자리인지
가려서 앉아야 한다

아무것도
욕심을 내지 않고
오직 한 길
마음의 부자를 쌓는 것이
최상의 행복이리라

행복의 오솔길 따라 5

행복의 오솔길엔
질경이도 있고
코스모스도 아름답게 피어 있다

꽃들은
우리에게 항상
꿈과 희망을 준다

욕심도 벗어버리고
미움도 벗어버리라고
꽃들이 가르쳐 준다

흐르는 계곡물에
손을 씻고
푸른 하늘을 바라보니
이곳이 선경이로구나
행복이 흐른다

해운대의 갈매기

하~얀
파도 가르며
새하얗게 날아가는
해운대의 갈매기!

해운대 백사장에
파도가 밀려 오면
파도 따라 멀~리 멀~리
꿈을 안고 날아가는 갈매기들!

동백섬에서
쉬었다 날으고

부산의
시민들에게
꿈을 안겨다주는
해운대의 갈매기……

인사동 거리

인사동에는
삶의 고뇌와
즐거움이 함께 있다

한국의 전통과
현대의 문화가
가득히 흐른다

여러나라 외국인들이
호기심에 찬 눈으로
즐겁게 웃으며
우리의 문화 거리를 구경한다

인사동에는
문화가 있는 전시장이 있고
고전 문화가 희망이 되어
함께 흐른다

제2부

솔향기 깃드는 산사

인생 8

인생은
풀잎에 맺힌
이슬과 같아서
방울방울
맺혀 있다가

동산에
아침 해가 떠오르면
어느 사이
사르르 사르르

해님 따라
사라져가는
이슬방울같이
허망하리라

인생 9

인생은
흘러가는 강물 같으리라

한 번 흘러간 강물은
다시는 돌아오지 않는다

강물은 유유히 흐르다가
큰 바위 만나면 명상을 하며
천~천~히 돌아서 흐르고

거센 폭포를 만나면
거스르지 않고
불만도 없이
순리대로 떨어진다

인생은
순리대로 흐르는
강물처럼 살아가면
행복의 종착역에 도착하리라

인생 10

우리는
어디에서 왔다가
어디로 가고 있는가?

한세상 살다가
허망하게 바람 따라
사라져가는 인생

정직하게 욕심 없이
정의롭게 살아온 인생은

임종에 이르러
후회 없는 삶을 살았노라고
자부하며 미련 없이
눈감을 수 있으리……

인생 11

아침이 밝아오면
호미 들고
야채밭으로 간다

밭고랑
잡초를 캐고
씨를 뿌리며
행복에 젖어
평화가 찾아온다

그동안
부질없는 세상사에 시달리어
배신을 받고 고통의 세월을
보냈던 시절이 안타까운
마음으로 와닿는다

진작에
이러한 평화를
알지 못했던 자신이
부끄러워지며

이제는
꿈과 희망과 행복한
길을 선택하리라

인생 12

인생은 나그넷길!
재산과 명예가
내 것인 양 욕심내는
인간들의 일상……

탐 · 진 · 치
삼독으로 물들어가는
인간들을 바라보니
가슴이 아려온다

삼일 동안 닦은 마음은
백년 동안 보배가 되고
백년을 탐하고 욕심낸 재물은
바람결에 티끌이 되어 날아가는데
무엇을 욕심내고 탐하며 살아가는가……

행복의 오솔길 따라 6

행복의
오솔길에는

솔방울도
떨어져 있고
도토리도 떨어져 있다

아기 다람쥐가
종종걸음으로
우리들을 반긴다

행복의
오솔길에는
탐심도 벗어놓고
고통도 내려놓고
애착심도 떠내 보낸
그 자리가
행복한 인생이리라

자연의 경이로움 1

자연은
우리들에게
말없이

꿈과
희망을
안겨다 준다

그렇게
혹독했던 한파에도
얼어죽지 않고
겨울 내내 잘 견뎌온
야생화 가족들

자연은
신비로움을 전해준다
눈꽃 속에서도 노랗게
꽃망울을 터트리는 복수초

얘들아 이젠
걱정하지 말거라
봄이 오고 있단다

희망의 졸업식

가슴 가득히
꿈과 희망이
피어오르네

초롱초롱
빛나는 눈동자에
행복이 밀물처럼 밀려오고

존경하는 은사님
그리워할 추억의 친구들
손에 손잡고
이별의 노래 부르네

빛나는 졸업장을
가슴에 안고
또 다른 인생의
시작이 열리는
희망의 졸업식

솔향기 깃드는 산사

천마산
향기로운 숲속에서

아름다운
산새 노랫소리가
실바람 따라 들리어 오네

탐진치 삼독으로
업을 쌓고 죄를 짓는
중생들의 가슴을
말끔히 씻어주는 소나무 향기!

동글동글
솔방울 가족들은
솔향기가 좋아서

평생토록
사이좋게 달려서
솔향기 깃드는 산사를
지키고 있네

청초한 아침 이슬

또르르 또르르
반짝이는 풀잎에서
동글동글
굴러다닌다

개나리꽃에도
목련꽃술에도
방울방울 맺혀서

꽃잎이랑 풀잎이랑
소곤소곤 얘기하는
청초한 아침 이슬!

산천에 있는
나무와 풀들이
목이 마를까 봐

밤새워 내린
순수하고 청초한 아침 이슬

행복의 오솔길 따라 7

버리고 나면
무한한 평화와
행복이 문을 두드린다

가지려고
타인들을 괴롭히고
욕심을 내어 행동하면

불행의 씨앗이 되어
검은 그림자가
드리워진다

버릴 때는
미련 없이
버리는 것이

행복으로 가는
오솔길이리라

산사의 빗소리

보슬보슬
이슬비가 내리네

어릴 적
친구가 생각나는 날

빗소리가
마음에
평화를 가져오네

그리운 친구에게
봄비 소리
편지를 띄우고픈
산사의 빗소리

옹주집 가을 낙엽

쓸쓸한 옹주 저택
그 옛날 권세는
구름 따라 흘러서 갔나
강물 따라 흘러서 갔나!

넓은 마당 앞에
텅~ 비어 있는 연못만이
떠난 님을 기다리며
슬픔을 헤이고 있다

마당가 돌다리 위로
홀~로 외로이
쓸쓸히 굴러다니는
옹주 저택의 가을 낙엽들!

방울이의 하루

방울이의 두 눈이
반짝반짝 빛날 때
봄바람이 솔솔솔 불어 오네

종일토록 우수에 젖어
무엇이 그리 슬픈가

지나온 슬픈 사연
가슴 속에 묻어두고
슬픔이 눈앞을 가리네

앵무새 바라보고
인생을 생각하는 방울이

오늘도
봄바람 향기 맡으며
일주문 밖으로 나들이 가는
방울이의 하루

흰눈이의 그리움

사랑하는 아빠와
헤어진 날이 어~언
백일이 지나갔네

푸른 하늘 구름을 바라보며
아빠를 그리워한다

아침해가
천마산 중턱에
떠오를 때면

바스스
잠에서 깨어나
아빠를 그리워하네

등산객의 발자국이
아빠의 발자국인가?
귀 기울여 봐도
그림자도 보이지 않고
가슴에 그리움만 가득하네

긍정의 힘

인생의 삶은
긍정적인 생각을 하는 데
행복이 찾아온다

늘상
부정적인 생각을
많이 하는 사람은
불행이 문을 두드리고

오로지
행복이 찾아온다고 믿고
매사가 잘 될 것이라고
긍정적인 마음인 사람은

목적지에
도착하는 것도 빠르고
매사에 행복이
문을 열고
들어올 것입니다

아가별의 희망

사르르 사르르
엄마 품에 잠이 들고픈
아가별의 희망!

어둠이 깔리는
먹구름 아래
슬픔을 헤이고 있는
아가별의 고통

재산에 눈이 멀어
조국과 가족을 버리는
세상 사람들이 안타까워
하염없이 눈물 흘리는
아가별의 쓰라린 고통!

역경의 세월이 흐른 뒤에
불행도 아픈 가슴도
푸른 하늘에 묻어둔 채
엄마 품에 평안히 잠이 들고픈
아가별의 희망

통일의 노래

우리 민족
가슴 가슴에
통일의 두 글자가
새겨져 있어요

한라산과 백두산에
우리나라 태극기를 휘날리고
통일의 노래를 불러 보자

끊어졌던 철길이 열리고
바닷길과 육로가
다 함께 열려서

우리들의 가슴에
미움과 슬픔은
멀~리 떠나 보내고
통일의 노래를 부르자

제3부

일출암의 하루

일출암의 하루

새벽
스님 목탁소리에
잠에서 깨어나고

풍경소리 들으며
세수를 한다

또 하루의
산속 일과가 시작된다

돌담 우물에
두레박으로 물을 긷고

산새들의
노랫소리 들으며
행복한 하루가 열리네

꿈

꿈이란
아름답고
자유로운 것

꿈속에서는
아름다운 하늘을
새처럼 날 수 있고

넓은 바다 위를
물새처럼 날아다니고

나뭇가지에 앉아
산새도 될 수 있듯이

꿈속에서는
되지 못할 일이
아무것도 없으니

인간은
가슴속에 꿈을 가지고
하루하루 즐겁게
살아간다

물안개

밤이 새도록
날이 밝아오기를
물안개는 기다렸을까

새~하~얀
아침이 밝아오면
뽀얗게 피어오른다

강가의 버드나무도
갈대숲에도
새하얀 마음으로
보듬으며 피어오른다

인간들에게도
물안개처럼
깨끗이 살라 한다

타인들을 배려하고
자신을 희생하며
즐겁게 깨끗이 살라 한다

안개꽃이 피던 날

새~하~얀
안개꽃은

봄에 핀
개나리 그리워하며
순수하게 새하얀
꽃망울을 터뜨렸다

안개꽃이 피던 날
풍경이 서럽게 울었지

지난 세월
역경의 세월은
흘러가는 구름 따라
떠나보내고

이제는
새~하~얀
미소 지으며
행복하게 살아가는 안개꽃

산사의 아침

또르르 또르르
귀뚜라미 노랫소리가
귓전을 울리며
행복한 아침이 밝아오는
산사의 아침!

꽃밭에는
야생화들이 사이좋게
옹기종기 피어 있고

산비둘기와 참새들은
사이좋게 오손도손
모이 먹으며
즐겁게 노래 부르네

늦은 봄 희망이
희망의 봄바람이
추녀 끝 풍경의 귀를
간지럽혀 댕그랭 댕그랭
미소 지으며 울려 퍼지네

아기 할미꽃

엄마
할미꽃 곁에서
행복한 미소 지으며

엄마가
고개 숙이고 있으니
따라서
고개 숙인 할미꽃

세상의
시끄러운 소리를 뒤로하고
길 가는 행인들에게
오묘함과 즐거움을
가져다주고

태어나면서부터
겸손을 배워
오로지 산사만 지키는
예쁜 아기 할미꽃

마음

마음이
평화롭고 행복을 느낄 때는
온 세상의 괴로운 소리도
즐겁게 다 품어 안고

마음이
괴로울 때는
바늘구멍보다 더 작아져서

조그마한 고통도
이해하지 못하고 화를 내며
고통의 도가니로 빠져버린다

마음 하나
잘 다스리고 수행하면
삶이 윤택하여지고
행복과 평화와 즐거움이
가득히 밀려오리라

봄바람 향기

실바람이
아지랑이와 함께
아롱아롱
살랑살랑 불어오네

연못 속의 금붕어도
겨울잠에서 깨어나고
야생화 가족들도
깊은 잠에서 깨어나
실눈을 뜨고
세상을 바라보네

봄바람 향기는
착한 바람인가 봐

인간에게나
동식물들에게
꿈과 희망을 가져와
가슴에 안겨주는
봄바람 향기

파도

철~석 철~석
파도가 밤새도록
울고 있구나

축강에 부딪혔다
다시 밀려가는 파도

자신의 의지대로
아무것도 할 수 없는 파도

바람이
세차게 불어오던 날은
방파제를 넘어서 밀려온다

호수도
조용히 살고파도

바람이 불어와
파도가 밀려와서
하루도 편할 날이 없네

파도는
오늘도 바람을
기다리지 않고
잔잔한 미소 띄우며
고요히 살고파라

할미꽃 일생

할미꽃 꽃망울이
송송송 올라오고 있다

3月 중순!
관음봉엔 잔설이
하얗게 덮여 있는데

꽃봉오리가 올라와
가랑잎으로 덮었다

할미꽃은
욕심도 질투도 없다
한 번도 푸른 하늘을 못 보아도

다른 아기 달맞이가
비집고 들어오면
같이 살아가고 있다

물을 주지 않아도
거름을 주지 않아도
항상 변함없이
그 자리 지키며

우리들에게
행복을 가져다 주는
할미꽃 일생

은행나무의 기다림

샛노란 잎을 달고
행인들에게
행복과 즐거움을 주는
그대 이름은
아름드리 은행나무……

늦가을 바람 따라 구름 따라
여행 떠나는 은행잎을
잡지 못하고
우람한 나뭇가지만이
산사를 지키고 있네

어여쁜 잎들이 떠나가며
내년 봄 봄이 오면 다시
오겠다고 약속하며 떠나갔네

기나긴 겨울을
꿋꿋이 견디며
떠나간 잎들을 그리워하며
봄을 기다리는 은행나무……

더덕 향기

해당화
나무 사이 사이로
더덕 가족들이
오순도순 살아가네

꽁꽁 얼어붙은
산사의 발 속에서
기나긴 추운 겨울을
잘 견디어 내고

이웃
취나물, 도라지에게
피해줄까 봐
높이 높이 올라가는
더덕 가족들……

초여름 향연이
가득히 서려 있는 꽃밭에서
더덕 향기가 솔바람 따라
가득히 피어오르네

성지 순례 가던 날

올망졸망
나들이 가방 메고
즐겁게 웃음 짓는다

얼굴엔
전형적인 어머니
얼굴인데

소녀마냥
친구들과 하하하 호호호
행복한 하루

복잡한 일상에서 벗어나
자유의 몸과 마음

넓은 호숫가에서
점심 도시락 먹으며
소녀로 돌아간 신도들!

가족들을 위하여
향 올리며 기원하고

돌아오는 발걸음이
행복에 젖어 있네

진달래의 미소

곱디고운
연분홍 얼굴에
아롱아롱 아지랑이가
친구 하자고 놀러 왔네

욕심도 벗어놓고
명예도 벗어놓고
미움도 떠나 보내고

오직 한 길
등산객을 위하여
환~하게
미소 짓는 진달래

인생은 나그네길

인생은
태어나면
한세상 살다가
저승길로 떠나간다

잘 살았느냐
못 살았느냐
마음의 부자를
쌓고 살았느냐는

누구보다
자신이 제일
잘 알고 있다

인생길은
나그네길이기에
욕심을 벗어버리고
정직하게 정의로운 마음으로
한세상 살다가
떠나야 하리라

풍경

봄바람이 살며시
귀를 간지럽히면
댕그랭 댕그랭
즐겁게 반기며
희망의 노래 부르고

바람이
소리 없이 떠나고 난 뒤
처마 끝 높은 곳도
아랑곳하지 않은 채
고요히 명상에 잠기는 풍경

풍경은
거짓이 없는
사람과 같다

바람이 불어오면
즐겁게 노래 부르며
바람을 반겨주고
바람이 오지 않을 때
조용하게 행인들을 바라본다

그대 발길 머무는 곳에 2

그대
발길 머무는 곳에
행복의
강물이 흐르고

그대
발길 머무는 곳에
산새 노랫소리가
들리어 오네

그대
발길 머무는 곳에
노~란
산수유꽃이
봄소식을 전해다 주고

그대
발길 머무는 곳에
황매화 꽃송이가
희망의 물결을 이루네

양수리의 연꽃

진흙 속이 아니어도
맑은 물 아래
청초한 꽃을 피운 그대!

북한강변에
세찬 바람이 불어와도
물새들을 벗 삼아
항상 그 자리 지키며
아름다운 꽃을 피웠네

어느 사진 작가의 가슴에
희망과 행복을 심어주고
세상이 시끄럽고 오염되어도
청순한 미소로 행복을 주는
양수리의 연꽃 가족들……

제4부

산새들의 화합

행복의 오솔길 따라 8

한 걸음 두 걸음
야채밭으로
발길을 옮긴다

무농약으로
키운 야채들이
파릇파릇
방긋방긋 웃고 있다

행복의 오솔길엔
싱그러운 야채도 있고

야채밭
잘 가꾸었다고
산새들이 빙~빙
돌며
노래 부르네

행복의 오솔길 따라 9

목탁 대신 호미 들고
야채밭에서
수행하는 마음으로
잡초를 뽑는다

오손도손 파릇파릇
꿈의 새싹 야채가
희망을 가져다주고

웅덩이엔
올챙이가 즐겁게
물 헤엄 치며 놀고 있네

평화가 깃드는
천마산 자락 아래서
오늘도 행복한 마음으로
흘러가는 뭉게구름을 바라본다

뭉게구름

뭉게구름은
자유를 찾아
즐겁게 흘러서 간다

집착을 버리고
욕심도 벗어버린
뭉게구름은

하늘 아래
죄 짓는 인간들이
불쌍하기도 하겠지

오로지
뭉게구름은
행복을 머금고
흘러서 가네

시인의 행복

모든 사물과
동식물 바라보며
표현하고 글을 쓴다는 것은
시인의 행복이다

시인은
글을 쓸 때가
가장 고귀하고 행복하다

한 자 한 자 글이 모여
시를 이룰 수 있으니
무엇을 욕심내어
괴로워하리요

시인에겐
연필 한 자루 종이 한 장이면
가슴속에 희망과
행복이 피어오른다

자연의 경이로움 2

자연의 힘은
위대하고 경이롭다

항상
우리들에게
자연처럼 살라고 한다

지난겨울
혹독한 추위에도
굴복하지 않고

봄바람 향기가
밀려오면
야생화들이
아리따운 미소 지으며
우리들을 즐겁게 한다

자연은
잘난 체도 하지 않으며
겸손하게 순리대로
일생을 살아간다

산새들의 화합

산새들은
서로서로 양보하며
화합하여 모이를 먹는다

산비둘기와 참새들은
서로 아끼며 보호해 주며
모이 먹을 때 같이 먹고

날아갈 때도
다 함께 날아가서
나뭇가지에 앉는다

인간들은
산새들에게
삶을 배워야 하리라

자신보다 힘이 약하면
무시하고 짓밟고
자신보다 힘센 사람을 보면
비겁하게 눈치 보며 아부한다

산비둘기와 참새를 바라보며
가슴속에 행복이 찾아온다

정겨운 부산항

정겨운 부산항에
싱그러운 여름이 왔네

하~얀 파도 따라
갈매기 떼가
희망을 가져오는 곳

그리움을 실어서
영도 다리를 지나고
오륙도를 지나서
그리움이 쌓이는 바다

자갈치 시장엔
부산의 시민들이
사이좋게 옹기종기
희망을 주고받는
정겨운 부산항!

한 조각 꿈으로 사라질 인생

누가
누구를 지탄하며
손가락질하고
살아가는가?

자신을 돌아보고 반성해야 하는
인생을
현 시대를 우리는
살아가고 있다

세월은
화살과 같아서
눈 깜짝할 사이에
세월이 흐른 뒤에

잘못 살아왔구나
죄를 지었구나 후회하며
통곡해도 때가 늦으리라

한 조각 꿈으로
사라질 인생!

정의와 배려와
봉사를 하며
넓은 가슴으로
후회 없는 삶을
살아가리라

금강산 천선대 오르며

굽이굽이 물결처럼
끝없이 밀려오는
바다의 파도처럼
줄을 이어 천선대로
올라가는 우리 민족들!

얼마나 보고 싶고
그리웠던 금강산인가

몇십 년의 한 맺힌
마음을 안고
이제야 천선대에서
그 한을 풀게 되었네

기기묘묘한 바위들이
웃으며 우리를 반겨주네

천선대 오르며
가슴에 손을 얹고 기도한다
이렇게 여행 오는 길이
영원히 이어지기를 염원하네

여유

바쁘다
바빠를 되뇌이며
하루가 흘러갔네
인생이 무상한 것을

우리는
행복한 삶을
영위하기 위하여
여유를 가지고
하고 싶은 일을 하여야
행복이 찾아온다

조용한 오후
햇살에 비친
전통 문살의 멋이 있는
풍경도 보이고

야생화들을 바라보며
예쁘고 아름답다고
찬사를 보낼 수 있는
마음의 여유가 생겨
가슴속에 행복이 흐른다

마이산 가는 길

굽이굽이 돌아서 가니
신비한 돌탑들이
우리들을 반겨준다

인간의 힘으로
어찌 이렇게
신령스러운 탑을
쌓았을까

석탑 앞에 서니
존경과 감탄사가
절로 나오네

등산객들의
환호성이 터져 나오고

마이산 입구에
범부채, 둥굴레, 산부추
야생화들이
방긋이 웃으며
행인들을 반겨주네

동백꽃의 일생

살을 에는 듯한
추운 겨울에
아리따운
입술을 열었네

화려하고
예쁜 모습으로
징열적으로
일생을 살다가

떠날 때는
시들기도 전에
미련 없이
아름다운 모습으로
툭 하고
사라져 가는
동백꽃의 일생!

삶의 향기

삶의 향기는
어디에서 오는가?

하루 하루가
행복하여

즐거운
생활을 하고

좋아하는
일을 하고

누구에게나
용서하고
이해하는 사람은

삶의 향기가
아름답게
피어나리라

인내의 길

인내한다는 것은
고통스럽고 힘든 일

참고 견디는 것이
쓰라린 상처가 되고
가슴이 타들어간다

인내의 길이란
멀고도 험난하다

자신을 위하여
고통도 서러움도
감내하여야

비로소
행복과 평화가
찾아오리라

나팔꽃의 하루

질경이 속에
나팔꽃 한 송이!

전생에
질경이었나

고향 찾아
질경이 가족들에게
어울려 살아가고 있네

오를 나무가 없어서
바닥에서 질경이랑
친구가 되었네

질경이랑 사이좋게
살아가는
나팔꽃의 하루

인과응보

새봄에
씨를 뿌려
가을에
알찬 수확을 하듯

우리네 인생도
복을 짓는 이에게는
복을 받고

죄를 짓는 이는
죄를 받는다

자신이
높은 자리에
올라서기 위하여

타인을
언덕으로 밀어버리면
언젠가
자신이 언덕으로 굴러
떨어지는 죄를 받으리라

복수초의 행복

새~하~얀 눈꽃을
헤치고 나와서
노~랗~게
미소 지으며
봄소식을 전해다주는 복수초

추운 겨울
기나긴 잠을 자고
꿋꿋이 견디어
노~란 입술을 열었네

세찬 눈보라에도
희망과 꿈을 잃지 않고
참고 살아왔기에
오늘의 행복이 찾아왔네

제5부

봄이 오는 소리

봄이 오는 소리

솔솔솔
솔향기 가득히 안고
봄바람이 불어오는
천마산 자락!

모진 세월
혹독한 한파가
어느 사이 눈 녹듯이
사라져 가고

추녀 끝에서
눈이 녹아 낙수가 되어
흘러내리고

자생식물이 많은
꽃밭 가엔
할미꽃 봉오리가
미소 지으며 올라오고

야채밭 가엔
쑥이랑 돌미나리가
봄소식을 전해듣고
희망을 안겨다 주네

행복의 오솔길 따라 10

행복으로 가는
오솔길에는
봉사와 정의의
길이 있다

아낌없이
타인을 위하여
배려하고
봉사하는 이는
행복이 문을 두드린다

인생길은
험란할 때도 있고
타인들이 자신의
마음을 모를 때
오해가 생기기도 한다

세월이 흐르면
진실은 밝혀지겠지
믿으며 하루하루를
즐겁게 살아가는 것이
행복한 길이다

그대 발길 머무는 곳에 3

그대
발길 머무는 곳에
자비와 지혜의
등불이 켜지고

그대가
가는 곳이면
향기로운 꽃들이
아름답게 피어나고
정의로운 향기가
물안개처럼
피어오르네

그대
발길 닿는 곳에
정직과 배려와
질서가 있네

엄마 할미꽃

어머나
어느 사이
봄바람 향기 타고
엄마 할미꽃이

겨울잠에서
바스스 깨어났네

살며시
고개 숙이고
행복하게 웃고 있네

지난겨울
세찬 한파에도
꿋꿋하게 견디어
아리따운 꽃을 피웠네

은행잎을
이불을 삼고
자연석을 베개 삼아
겨우~내~내
잘 견뎌온 엄마 할미꽃

조약돌의 하루

하~얀
파도가 와서
온몸에 부딪쳐도
화내지 않는
조약돌의 마음

사람들이
밟고 데리고 가도
마냥 생글생글
미소만 짓는
조약돌의 하루

바닷가
조약돌은
모가 나지 않아서
사람들이 밟아도
아프지 않고
즐거움을 주고
행복을 주는
조약돌의 하루

찔레꽃이 피던 날

순수해
티 없이 맑은 얼굴

하~얀~꽃
향기가 너무 좋아
벌, 나비들이
삼삼오오 날아오네

물을 주지 않고
거름을 주어
가꾸지 않아도
불만하지 않고

아리따운
꽃을 피웠네

청순한
맑은 얼굴에
하~얀 미소가
새어나온다

유기견의 슬픔

주인에게
어느 날 이유없이
버림 받은 유기견

배가 고프고
슬픔의 눈물이
흘러내려도
눈불 닦아줄
주인이 곁에 없네

주인에게 충성을 다했는데
솔바람이 불어오는 산길에
나를 버려두고 가 버렸네

오늘 하루는
어디서 잠을 자고
무엇을 먹으며 살아야 하나
생각하니 가슴속에
피눈물이 흘러내린다

평생을 주인이 언제 오려나
그리워하며 슬픔을 안고
느티나무를 바라보고 있네

첫눈

초겨울의
하~얀 하늘에서
송이송이 하얀 눈꽃이

사르르 사르르
장독대에도
잔디밭에도
소복소복
내려앉는다

티 없이
맑게 살자 하고
모든 만물에게도
다 때를 씻어주네

욕심도 벗어놓고
애착심도 끊어버리고
순수한 눈꽃처럼
살라고 하네

은사님의 그림자

평생토록 잊지 못할
슬픔을 남기고 떠나가신
은사님의 그림자!

해운대 동백섬에
한 조각 파도가 되어
떠나가버린 그대의 초상

잔잔한 미소와
온화한 가슴으로
사랑을 가르쳐주셨던
자상한 그 목소리!

동백섬 백사장에
파도가 치거들랑
날아가는 물새를 벗 삼아
외로이 지내지 마옵소서

국화들의 합창

가을의 여왕
국화꽃들이여!

하얀, 노랑, 연분홍, 진분홍
자주색빛 꽃들이 모여
가을 노래 부르고 있네

행인들에게
행복한 향기를 주고
아름다움을 주어
마음에 평화를 주는
그대들이여!

지난겨울
혹독한 한파에도
굴복하지 않고
겨울잠이 들었다

봄이 가고
여름의 폭풍우가 지나고
이 아름다운 가을에
청초한 아리따운 꽃을
피운 그대들이여!

오늘도
느티나무, 은행나무를 바라보며
행복을 주는 국화들의 합창

초량 6동의 아침

초량 6동의 아침엔
산복도로에서
드넓은 부산 앞바다가
바라다 보이고

아침이 밝아올 때면
산복도로를 경유하는
조그마한 합승 버스가
굽이굽이 산허리를 돌아
사람들을 태워 나른다

학생들은 옹기종기
버스를 타고 수정동을 경유하여
부산의 드넓은
배움의 전당으로 꿈을 안고 간다

오늘도
가슴속에
꿈과 희망을 안고
부산 앞바다에
갈매기 떼를 바라보며
행복한 하루를 연다

선배 시인 생가 가는 길

산행길에 들어서니
온갖 산새들이
즐겁게 노래 부르고
계곡물 소리가
정겹게 들려오는 산속 깊은 곳!

맑은 계곡물에
오색 단풍잎이
동 동 동 떠내려오네

선배님이 욕심 없이
방랑시인으로 살다 가신
선배의 정신이 가슴속에
실개울이 되어 감동으로 다가오네

시인의 절개를 지키며
한세상 걸림없이 살다 가신
그대의 생가 곁에
배나무, 감나무, 옹달샘이
말없이 생가를 지키고 있네

인생 13

현대인들이
바쁘다 바빠를 외치며
하루하루의
삶을 이어간다

시간에 쫓기고
물질에 쫓기고
명예에 이끌리어
여유롭게 살지 못하고
자신을 돌아볼 여유가 없다

자신의 앉은 자리가
깨끗한 자리인지
탐심과 허욕의 자리에
앉아 있지는 않는지!

자리 정돈을 하여
바르게 지혜롭게
살아야 한다

한세월 시간이 흐른 뒤에
가슴을 치며 후회해도
돌이킬 수 없는 것이 인생이어라

떠난 사람들

도움이 되지 못하고
이득이 없어서
떠나가버린 이가 있다

가슴속에
상처만 남겨두고
산새처럼 날아갔네

이것이
인생이런가?

허망한 인생이거늘!

수도자의 마음으로
이해하며 용서하며
바다와 같은 마음으로
포용하며 살아가리라

마음이 넓은 호수

호수는
마음이 넓어서
다 포용하며 이해하여
가슴을 내어주는 호수

가슴속을
들여다보면
상처투성이인데

말없이
물새들에게
삶의 터전이 되어 주고

갈대에게도
몸과 마음을 다
희생하는 호수

쓰라린 상처를 안고
한평생 말없이
드넓은 가슴으로 포용하며
모든 이에게 평화와
안식처가 되어주는 호수

행복

무엇이든
나의 몸으로 할 수 있을 때
행복이 찾아온다

동이 트면
산새들 모이 주고
텃밭에서 야채 가꾸고

꽃밭의 꽃들에게
대화하며 사랑을 준다

독정의 약수 한 모금
입에 물고 하늘을 바라보니
흘러가는 뭉게구름이
행복을 주네

천하의 재산가도
높은 지위의 명예자도
나만큼 행복을
따라올 수 없으리!

여유로운 생활

푸른 하늘에
뭉게구름이
둥실둥실 떠 갈 때
아름다움을 느끼고

온갖 산새들의
노랫소리가
즐거웁게 들리어 오고

야생화 꽃들이
아름답게 피어 있어
향기로 가득히
코 끝에 스며옴을 느끼고

산사의 처마 끝
풍경을 바라보며
평화로움과
인생을 생각하는 것이
최상의 행복이리라

아름다운 영혼

고귀한
영혼 속에는
순수한 사랑과
따뜻한 배려심이 있다

오염된
영혼 속에는
탐심과 명예욕이
자리하고 있다

오염된 영혼은
양수리 강변에
묻어 버리고

고귀하고
아름다운 영혼으로
일생을 살아가면
행복이 문을 두드린다

행복의 오솔길

우리에겐
행복의 오솔길이 있고
불행의 오솔길도 있다

스스로
행복의 오솔길을
찾아가야 한다

행복도 자신이 만들고
불행도 자신이 만든다

마음속에
미움과 저주가 있으면
불행의 씨앗이 싹트고

가슴속에서
바다와 같이 포용하며
용서하는 마음과
배려하는 마음으로 살면
행복의 오솔길로 간다

문학세계대표작가선 812

행복의 오솔길 따라

김지원 6시집

인쇄 1판 1쇄　2017년 4월 19일
발행 1판 1쇄　2017년 4월 26일

지 은 이 : 김지원
펴 낸 이 : 김천우
펴 낸 곳 : 도서출판 천우
등　　록 : 1992. 2. 15. 제1-1307호
주　　소 : 서울시 성동구 무학봉28길 6 금용빌딩 2F
전　　화 : 02)2298-7661
팩　　스 : 02)2298-7665
http://www.moonhaknet.com
E-mail : chunwo@hanmail.net

값 8,000원

ISBN 978-89-7954-673-6

이 도서의 국립중앙도서관 출판예정도서목록(CIP)은 서지정보유통지원시스템 홈페이지(http://seoji.nl.go.kr)와 국가자료공동목록시스템(http://www.nl.go.kr/kolisnet)에서 이용하실 수 있습니다. (CIP제어번호: CIP2017009636)